二十六式太极拳

任海林 万金良 王清富 主编

河南人民出版社

图书在版编目（CIP）数据

二十六式太极拳 / 任海林，万金良，王清富主编.
—郑州：河南人民出版社，2023.5
ISBN 978-7-215-13328-0

Ⅰ.①二… Ⅱ.①任… ②万… ③王… Ⅲ.①太极拳
-基本知识 Ⅳ.①G852.11

中国版本图书馆 CIP 数据核字（2023）第 099699 号

河南人民出版社 出版发行
（地址：郑州市郑东新区祥盛街 27 号 邮政编码：450016 电话：65788060）
新华书店经销 郑州龙洋印务有限公司印刷
开本 710 毫米×1000 毫米 1/16 印张 6.75
字数 94 千字
2023 年 5 月第 1 版 2023 年 5 月第 1 次印刷

定价：23.00 元

本书编审委员会

本书编委会

前　言

太极拳是中华民族宝贵的文化资源，是武术界的一颗明珠，是中国文化对外交往的一张亮丽名片，深受全世界人民的喜爱。改革开放以来，在政府的推动下，经过历代太极拳拳师的辛勤耕耘，太极拳已传播到全球150多个国家和地区，并于2020年12月17日被联合国教科文组织列入人类非物质文化遗产代表作名录。

为推动太极拳标准化建设进程，打破传统太极拳简化套路太少的格局，扩大太极拳“六进”范围，我们征求多方意见，在原有二十六式陈式太极拳的基础动作之上，按照太极拳老架一路推广套路的内容，重新对二十六式太极拳套路动作进行了修订；并根据太极拳各个招式的特性，将太极拳习练之时的知识点融入进来，方便太极拳初学者更好地掌握太极拳的理论和技术特性。

习练二十六式太极拳，可以让初学者快速掌握一个完整的套路，提高太极拳演练水平；便于太极拳更广泛地走进人们的日常生活；可以为太极拳在全世界范围内的传播奠定坚实套路基础，积累更多的人才资源。

目　录

一、初步了解太极拳

（一）什么是太极？

《周易·系辞》曰："易有太极，是生两仪，两仪生四象，四象生八卦，八卦定吉凶，吉凶生大业。"意思就是说，变化首先从太极开始，太极在变化中产生天地两仪，天地在变化中产生出春夏秋冬四季，四季在变化中产生出八卦，八卦在变化中可以延伸出六十四卦，即三百八十四爻。人们从中可以得出趋吉避凶的规律。遵循规律，才可以成就伟大的事业。由此可见，万物之变化起源于太极，太极是万物变化的根本。太极是什么？太极便是天地初形成的状态，是万物最初的形态，也是我们所说的阴阳。上图中的阴阳鱼代表阴阳二气,阴阳二气在阴消阳长、阴长阳消的变化中周而复始,这便是事物普遍的规律。上图中黑白圆点的含义就是阴中有阳、阳中有阴。阴阳就是宇宙、自然、生命、生活以及事物发展的规律。太极就是阴阳转换、相生相克、互相依存、对立统一、辩证发展的东方哲学。

(二)什么是太极拳?

太极拳是人类非物质文化遗产,内涵十分丰富,充满哲理,与中国传统医学有着血缘关系。它是以中国传统儒、道哲学中的太极、阴阳辩证理念为核心思想,集修身养性、强身健体、攻防技击等多功能于一体,结合易学的阴阳五行之变化、中医经络学、古代导引吐纳术形成的一种内外兼修、刚柔相济的中国传统拳术。太极拳是一项很好的健身运动,练习太极拳可以强身健体、防身自卫,也可以陶冶情操,给人们的生活带来无限情趣和幸福。

(三)太极拳之起源和创编

太极拳发源于河南省焦作市温县陈家沟。经过长期的历史考证,2007年,温县被中国武术协会命名为"中国武术太极拳发源地",被中国民间文艺家协会命名为"中国太极拳发源地"。

陈家沟古称常阳村。明洪武年间,山西泽州(今山西晋城)籍移民陈卜及其家人迁入常阳村。随着陈氏家族人丁渐盛,加之陈氏家族

“善武事、精拳械”,乐善好施,名望日增,常阳村后易名为“陈家沟”。

陈卜熟练掌握祖传108式长拳及有关器械,曾在村中设武学社,始开陈氏世代习拳舞械之风。据1933年《温县志稿》载:“县东陈家沟之拳术,在明时已著名。”陈氏第九世陈王廷(又名奏庭)(1600—1680年),晚年居家,潜心拳术研究,尤多心得。陈王廷在祖传拳术之基础上,吸纳中医、易学、导引吐纳术等知识,将道家自然率性、儒家中庸之道和佛家济世之情怀融入其中,创编了一种以太极之理为主要理念的全新内家拳种。

这些拳、械套路,由无极而至太极,由太极而分阴阳;由无相而生有相,由有相而归无相;由静而生动,动中含静;每招每式皆分阴阳(即虚、实,柔、刚,静、动等),取“太极生万象”之意,后渐称之为太极拳。

(四)太极拳门尊十二严、规守二十备

门尊十二严

端:举止端正庄重。

敬:恭敬尊重。

公:公正。

正:正直正派。

仁:仁慈、善良。

义:正义。

浩:浩然之气、胸怀宽广。

勇:见义勇为。

忠:忠诚老实。

信:守信、信义。

诚:诚心诚意。

德:品德、道德。

规守二十备

(1)不倚权欺人。

(2)不畏强凌弱。

(3)不惧险避危。

(4)不为非作歹。

(5)不仗技采花。
(6)不借势狂妄。
(7)不走街卖艺。
(8)不串乡结党。
(9)不奢逸流浪。
(10)不自骄自满。
(11)不与狂徒较量。
(12)不与无知争强。
(13)不可骄论贫富。
(14)不贪无义横财。
(15)不图显官厚禄。
(16)不抗公私之债。
(17)不得损公碍私。
(18)不与酒色处事。
(19)不当叛国臭徒。
(20)不应磋懈习拳。

(五)太极拳三三原理和五层功夫

太极拳三三原理

太极拳三三原理是指习练太极拳必须经过的三个阶段、三种劲别以及不同阶段相应采取的三种演练方法的科学原理。具体指初学者在招熟阶段以套路为主的明劲的演练方法、懂劲阶段以气催形的暗劲的演练方法和神明阶段灵劲的演练方法三个部分。它科学地概括了太极拳创始以来丰富的实践经验,是太极拳理论宝库中的精华。只有认真遵循三三原理,弄懂三个阶段、三种劲别,并在不同阶段采取相应的训练方法,循序渐进,刻苦琢磨,达到形神兼备的神明阶段,才能真正掌握其玄而又玄、奇妙无比的上乘功夫。

第一阶段为招熟:一阴九阳根头棍,二阴八阳是散手。

其义为:习练者要练熟拳套招数,准确掌握太极拳手法、眼法、身法、步法和拳术套路的每一个动作。

第二阶段为懂劲：三阴七阳犹觉硬，四阴六阳类好手。

其义为：习练者通过推手练习，逐渐知己知彼（之劲），知化发之法，懂得驾驭内气在体内运行，并通过运气达到以气催形、形气结合、内外兼修的效果。

第三阶段为神明：唯有五阴并五阳，阴阳无偏称妙手。

其义为：习练者通过长期的习练，达到有形归无迹、形神兼备、出神入化、浑然天成的自由境界。“一羽不能加,一蝇不能落”“出手不见手,见手不能走”“挨着何处何处击,我也不知玄又玄”均是此境界写照。

至此之境,并无登峰,亦无造极。拳如逆水行舟,不进则退。拳如宇宙广漠,奥妙无穷,欲求无尚,须昼不舍夜,岁不舍日,生不舍年,终身修炼。

拳论讲:“人言此艺别有诀,往往不肯对人表。吾谓此艺甚无奇,自幼难以打到老。打到老来自然悟,豁然一贯神理妙。回头试想懒惰时,不是先知未说到。说到未入我心中,我心反觉多烦恼。天天说来天天忘,有心不用何时晓?有能一日用力寻,阴阳消长自有真。每日细玩太极图,一开一合在吾身。循序渐进功夫长,日久自能闻真香。只要功久能无间,太极随处见圆光。此是拳中真正诀,君试平心细思量。人人各具一太极,但看用功不用功。只要日久能无懈,妙理循环自然通。”

上文阐述的就是太极拳三三原理对演练者在各个阶段相应的演练方法的要求。

太极拳五层功夫

纯阴无阳是软手，纯阳无阴是硬手。
一阴九阳根头棍，二阴八阳是散手。
三阴七阳犹觉硬，四阴六阳类好手。
唯有五阴并五阳，阴阳不偏称妙手。
妙手一着一太极，空空迹化归乌有。

第一层功夫

第一层功夫"一阴九阳"，刚多柔少，适应不了技击。虽有灵活性，但是难以保持平衡，容易失去重心，站不稳，所以说"一阴九阳根头棍"。

学习太极拳要求立身中正，虚领顶劲，松肩沉肘，含胸塌腰，屈膝松胯，达到心气下降，气沉丹田。而初学者不可能一下掌握这些要领，但也应按照逐势的要求进行练习。因此，在这一阶段，对身体各部位的要求不必过于强调。练拳时，从肢体上看，动作僵硬，外刚内空，有猛打、猛冲、猛起、猛落，有断劲、顶劲，但只要坚持每天认真练习，动作质量会不断提高，逐渐引起内气在肢体内的活动，即达到外形引内气的阶段。第一层功夫就是由招熟到逐渐懂劲的过程。

第二层功夫

第二层功夫"二阴八阳"，进攻和走化都是勉强的，往往是先下手为强。此时不会舍己从人，容易出现丢匾顶抗的毛病，一推手就乱，所以说"二阴八阳是散手"。

第二层功夫是要进一步消除练拳时身体内外产生的僵劲、丢劲、顶劲和动作不协调的现象，使内气按照拳架动作的要求有规律地在体内运行，达到一气贯通，内外协调一致。完成第一层功夫，已经能够熟练地按逐势动作初步的要求来练习，有了内气活动的感觉，但还不能控制内气在体内运行。在练拳的过程中，如果感到某一动作有不得势或不得劲之处，就可以依据缠丝劲顺势调整一下腰腿，以求动作协调，这样即可使动作得到纠正。所以，在注意对身体各部位的要求、使之周身相合的同时，掌握缠丝法和缠丝劲的运动规律，是第二层功夫练习过程中解决矛盾的手段和自我纠正的方法。拳论讲："人人各具一太极，但看用功不用功。"又讲："只要用功之久，而一旦豁然贯通矣！"达到一气贯通的程度，便会恍然大悟，此时练拳信心倍增，越练兴趣越高，欲罢不能。这就充分说明，练到第二层功夫时，习练者的信心和毅力起着十分重要的作用，切不可灰心丧气，半途而废。

第三层功夫

第三层功夫"三阴七阳"，虽然内气贯通，但比较弱，发出对方时都带着生硬和勉强，所以说"三阴七阳犹觉硬"。

练习太极拳的步骤，即由大圈到中圈，由中圈到小圈，由小圈而无圈。"圈"并非指手脚运行的轨迹，而是指内气疏通。第三层功夫是由大圈而至中圈的阶段。练习太极拳时要着重用意。进入第三层功夫，已经疏通了内气，要求用意不用力，动作轻而不浮，沉而不僵，轻沉兼备，即外柔内刚，柔中寓刚，周身相随，禁忌妄动。但不可只顾想气在体内如何运行而忽视动作，否则，就会神态呆滞，致使气不仅不能畅通，反而会造成气势涣散的病象。所以说"在神不在气，在气则滞"。在第一层和第二层功夫中，练拳时要求自然呼吸。而进入第三层功夫，因动作比较协调，内外基本上合一，一般的动作与呼吸能自然准确地配合，此时就要采用逆腹式呼吸来慢慢进行锻炼。对一些比较细致、复杂、疾速的动作，还需有意识地注意与呼吸的配合，进一步使动作与呼吸协调一致，逐步达到顺其自然。

第四层功夫

第四层功夫“四阴六阳”，内劲已十分充足，交手时，自身稳固，动作幅度不大，所以说“四阴六阳类好手”。

第四层功夫是由中圈而至小圈的阶段。此时功夫已显高深造诣，接近成功，习练者对具体练习的方法、动作要领、逐势的技击含义、内气运行，以及注意事项、呼吸与动作的配合等，都已完全掌握。伸手迈步有临敌之意，一招一式，连绵贯穿，周身相随，承上启下皆有中气收放，气贯周身，练拳时“无人当有人”。但离要求的神明阶段还有一定的距离，习练者到这一阶段后，勤思苦练，指日可成。

第五层功夫

第五层功夫“五阴五阳”，阴阳平衡，刚柔互济，出神入化，所以说“阴阳无偏称妙手。”

第五层功夫是由小圈而至无圈、有形归无迹的阶段。拳论讲：“一气旋转自无停，乾坤正气运鸿蒙。学到有形归无迹，方知玄妙在天工。”练习至此阶段，动作已经非常活顺，内劲十分充足，身体空灵，变化无端，内有虚实变换，外面却看不见。完成第五层功夫，大脑皮质中的兴奋与抑制、肌肉的收缩和放松、肌肉的活动与内脏器官的活动已建立了稳固的协调关系，突然遇敌时，也能随机应变。到了这层功夫，虽已到化境，但还应继续深造，精益求精。科学发展是永无止境的，太极拳的锻炼也是如此，终身习练不可尽其妙也。

（六）太极拳的推广价值

太极拳是中国传统文化中的一块瑰宝，是人类非物质文化遗产，有着悠久的历史，经先辈们不断地改进、充实、丰富与发展，形成了独特的风格。因其富有独特的韵味和较深的哲理，以及对习练之人的身心都有积极作用，所以它越来越受到世界各国人民的喜爱，许多人亲身体验之后，受益匪浅。太极拳为促进人类健康、加强各国人民友好交往发挥了重要的作用。

二、太极拳的主要手形、身形、身法、步法

(一)主要手形

1. 瓦垄掌:五指自然伸展,拇指和小指微内合,掌心呈瓦垄状,中指领劲。掌心要虚,要空。

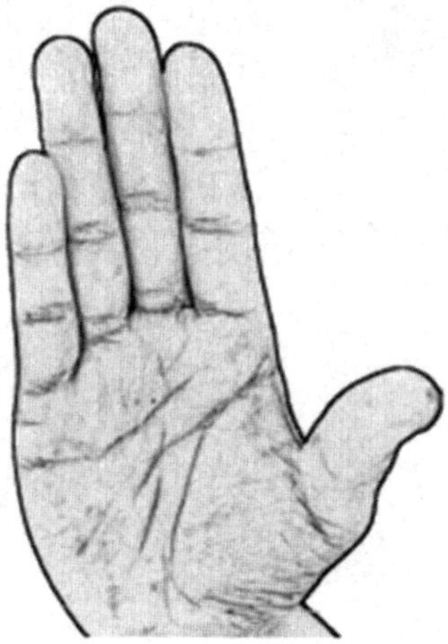

2. 拳：四指握拢，拇指扣在食指和中指第二指节上。拳面要平，握拳不过分用力，拳心有空感。

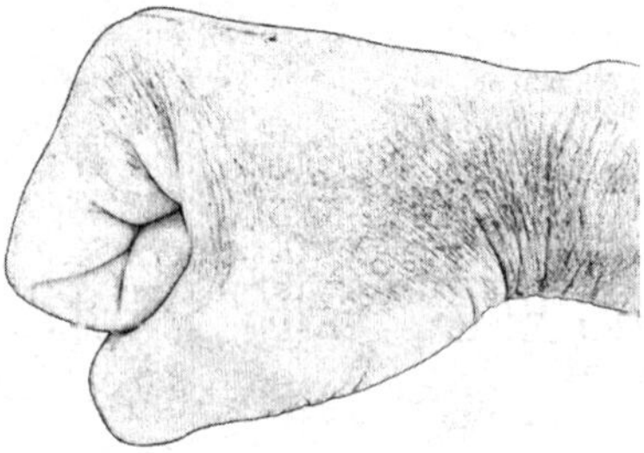

3. 勾手：五指自然捏合，指尖向下，手腕背部向上隆起。勾手时腕部自然下垂。

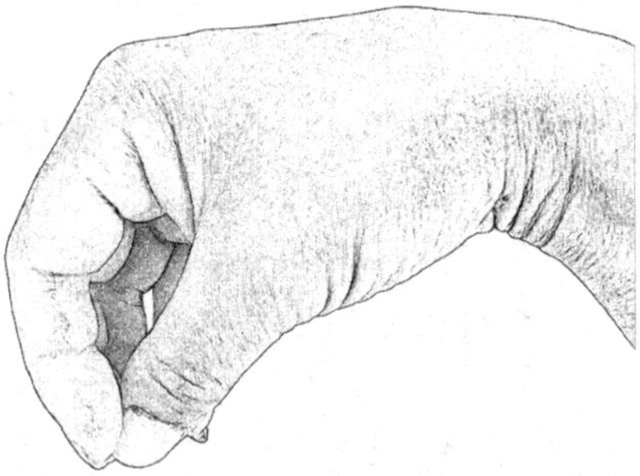

4. 刁手：小指领劲，其余手指依次自然向手心内旋。

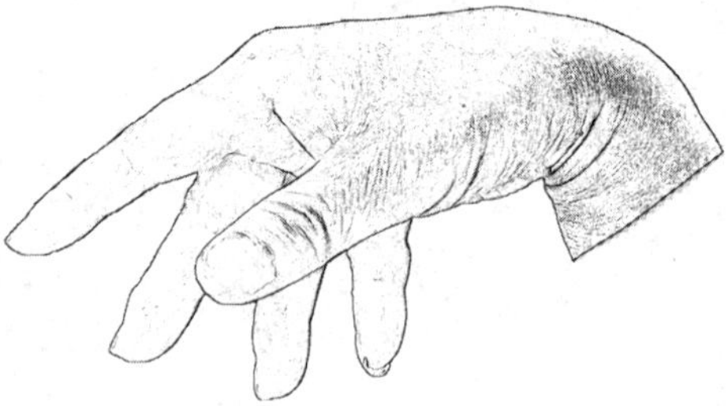

(二)主要身形、身法

1. 上节(颈椎以上的部位)身法:百会上领,如有绳提;目视前方,耳听身后;口齿微闭,舌抵上颚;下颌微收,颈部竖直。口诀为“端正,合唇,劲上领”。

2. 中节(肩部到髋关节之间的部位)身法:双肩下沉,两手下垂,含胸收腹,塌腰束肋。口诀为“含胸,塌腰,腹内收”。

3. 下节(髋关节至足底的部位)身法:屈膝松胯,五指抓地。口诀为“屈膝,松胯,转脚踝”。

(三)主要步法

1. 虚步:分左虚步、右虚步和前虚步。左脚在左侧虚点为左虚步,右脚在右侧虚点为右虚步,无论左右脚,凡是在前面虚点的都为前虚步。

2. 弓步:分左弓步和右弓步。右腿弓(膝盖不过脚尖),左腿蹬(左腿膝关节微屈,屈而不软),为右弓步,反之为左弓步。

3. 仆步:分左仆步和右仆步,是基本步法中较低的一个步法。做仆步时,要求一腿屈膝下蹲,另一腿向侧面伸直,脚尖里合。

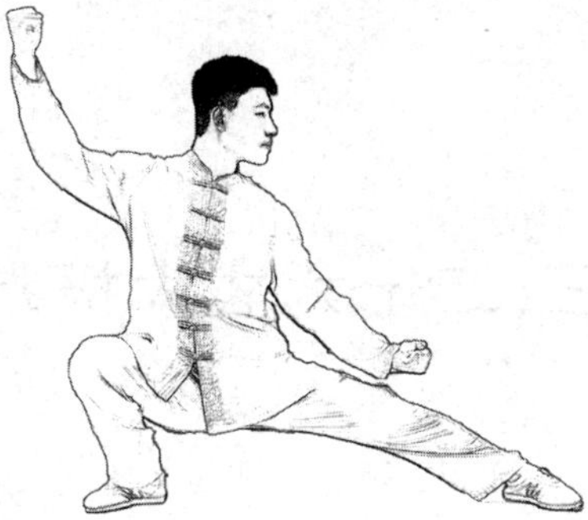

三、二十六式太极拳

预 备 式

身端体正,凝气定神。
百会上领,如有绳提。
目视前方,耳听身后。
口齿微闭,舌抵上颚。
下颌微收,颈部竖直。
双肩下沉,两手下垂。
含胸收腹,塌腰束肋。
双腿直立,两脚并拢。

预备式之要点：

预备式是开始练习动作之前意识和姿势的准备阶段。练拳之时，去除杂念，平心静气，全身放松，立身中正，呼吸自然，意守丹田，目视前方。

知识点：

练太极拳时如何才能保持立身中正？

立身中正是人体运动时下盘稳固的基本条件之一。如习拳之时低头弯腰，头顶不正，两肩歪斜摇摆或上身前俯后仰，以致上下脱节，使人体重心偏离中心垂直线，必然造成周身不稳，立身不正。

在实操中，立身中正一般要求头顶之百会穴与裆部之会阴穴虚虚对准，此谓立身中正之恒定原则。日常练习之时，因百会穴与会阴穴两穴距离较远，且“虚虚对准”偏重心意上之运用。实际练习之中，初学太极拳之人，对身体中正不易领会，感觉此动作难以把控，故从开始就未注意，忽略此一原则之重要性。此类习练者为数不少，久之，造成身桩弊病，从而影响拳艺之深造，故不可不察也。常言道：“心平则气正，眼平则意正，顶平则头正，肩平则身正。”习得“四平四正”，方能做到立身中正。

第一式　起势

动则生阳静生阴，一动一静互为根。
果然识得环中趣，辗转随意见天真。

接上式

动作分解

1. 重心右移,屈膝松胯,脚掌踏实,左膝缓提。

2. 左跨半步,轻轻落地,略宽于肩,劲往下沉。

3. 重心左移,双腿承重,均衡受力,不分虚实。

4. 手腕领劲,两臂上掤,掌心向下,与肩同宽,徐徐上升,略与肩平。

5. 松肩沉肘,掌根领劲,按掌下蹲,落于腹前。

起势之要点:

1. 横向开步之时,重心先移右腿,提左腿开步,脚尖先着地,随之慢慢踏平。周身放松,气沉丹田,劲力降于涌泉。

2. 两手上升身体下沉之时,胸、背、肋、腹等部位的肌肉均需松弛下沉,促使心气下降。忌肩上耸,横气填胸。下蹲之时,如坐凳子。

知识点:

下蹲时如何屈膝松胯?

屈膝松胯是练习太极拳的基本动作要领之一。字面意思即膝盖弯曲，两胯放松。

在演练太极拳的整个过程中，习练者之膝盖，基本为弯曲状态。下蹲是在立身中正之前提下，泛臀后坐来完成，故了解和掌握好屈膝之动作尤为重要。在习练太极拳时，须注意“屈膝之时，膝盖不过脚尖，过则伤之”，“膝不能软，软则无力”。

在练习太极拳的整个过程之中，胯部始终处于放松下坐之状态。胯部放松，便于腰部运动，也便于劲力下沉。

习练太极拳时做好屈膝与松胯，可以让人体产生上下、左右、前后之“弹簧劲”，便于在实战中保持高度的灵活性。

第二式　金刚捣碓

金刚捣碓敛精神，上下四旁寓屈伸。
变化无方当未发，浑然太极备无身。

接上式

动作分解

1. 腰向左转，重心左移，双手上掤，略与肩平。

2. 向右转身，重心左移，双手转腕，向右平捋，左脚内扣，右脚外摆。

3. 重心右移，右脚踏实，双手右推。

4. 右腿承重，腿部微屈；左腿提起，收于腹前，目视左前。

5. 右腿下沉，左脚铲出，方向偏左，脚跟落地，屈膝松胯，成右弓步；两手向右，继续外掤；重心下沉，落于胯上。

6. 腰向左转，重心左移，成左弓步；双手下沉，由后向前，双手画弧；左手平掤，行至胸前，手心向下；右手在后，手足相合，掌心朝上。

7. 右脚上步，成前虚步；右手上挑，左手下按，双手相合，置于胸前。

8. 左手下按，置于腹前；右手上提，由掌变拳。

9. 左手翻掌，掌心向上；右拳下落，落至左掌，拳心朝上。

10. 左腿承重，屈膝松胯；右拳上冲，高不过鼻；右腿提起，脚尖下垂。

11. 左腿承重，落地震脚；拳击左掌，目视前方，耳听身后；双腿承重，与肩同宽，回正重心。

金刚捣碓招式之要点：

1. 起落须以缠丝劲贯穿动作之始终，虚实转换须以腰主宰之。
2. 右脚震脚之时，要保持立身中正，重心在左腿。

知识点：

何谓金刚捣碓？

金刚，神名。钢如精金百炼，坚而又坚，其手所持者，降魔杵也。捣碓者，如谷之在臼，以杵捣之。右拳似捶如降魔杵，左掌微屈如碓臼，既取其坚刚沉重，又取两手收在一处，以护其心，故名也。

打拳以鼻为中界，左手管左半身，右手管右半身，各足随各手动之。心身不可使气，轻轻运动，以手领肘，以肘领臂，手中之气只需领起手与臂而已，不可过，过则失于硬。上体手如何运动，下体亦随之，上下相随，中间自然皆随，此为一气贯通也。上场立必端正，两手垂下，两足并齐，两膝微屈，裆劲要开要虚，裆开然后心气发动。先以左手领起左足，往前进半步；后以右手领起右足，右手自下由左手外绕一圈上去，两手套住如转环转一圈，右手落于左手掌之中，手与心齐，一停俱停。右手与右足皆虚虚笼住，左手与左足皆实实在在踏于地上，如土委地。百会穴领起全身,要使清气上升,浊气下降。清气如何上升?非平心静气不可。浊气必下降至足。一势既完,上体清气皆使归于丹田,盖心气一下,则全体之气无不俱下。太极拳自始至终,独此一势是正身法,端而肃,实而虚,柔而刚,上下四旁,任人所感,皆足以应之,此所以统领群着而为之首。理实气空,圆转自如,浑浩流行,绝无滞机,每一势完,仍归到浑然一太极气象,绝无迹象可寻,端绪可指。外似停止而内无间断,此太极之所以为太极也。

第三式　揽扎衣

世人不识揽扎衣,左屈右伸抖虎威。
伸中寓屈何人晓,屈内离伸识者稀。
裆中分峙如剑阁,头上中峰似璇玑。
千变万化由我运,下体两足定根基。

接上式

动作分解

1. 胯部下沉,重心左转,手随腰转,右拳变掌,手背交叉,左上领起。

2. 重心右转，穿掌外旋，左掌朝前，右掌移缠，画圆居后，高与肩平。

3. 腰向右转，右手顺缠，画弧右掤，高与肩平；左手顺缠，画弧下捋，落于胯旁，目视右前。

4. 重心左移，左腿微屈；右手顺缠，画弧身前，左手上掤，劲走弧线，转至胸前；右手在前，左手在后，双手交叉，目视右前。

5. 左腿承重，右腿上提，与腰垂直，小腿放松，头随身动，目视右方。

6. 右脚外铲，向右开步，脚跟着地，脚掌踏实，重心在左，成左弓步。

7. 腰向左转，手向左旋；腰向右转，重心右移；左手下按，叉于腰间；右手移缠，向右上掤，沉肩坠肘，含胸塌腰；重心在右，成右弓步；头随身转，目视右手，耳听身后。

揽扎衣招式之要点：

脚部外铲之时，皆需内侧先行轻轻着地，此谓探听之意，随时具收放之能；两手外开之时，须由大臂、肘、手依次外开，劲达掌部，力透指尖。此势完成之后，须做到内外三合。手与足合，肘与膝合，肩与胯合，是谓外三合也；心与意合，气与力合，筋与骨合，是谓内三合也。

知识点：

什么是太极拳的“外三合”？

太极拳的“外三合”是指“手与足合，肘与膝合，肩与胯合”。欲知“三合”，须明“三节”。太极拳按人体之特点，将其分为三节。整体分之，头为梢节，躯干为中节，下肢为根节；局部分之，肩胯为根节，肘膝为中节，手足为梢节。根节之作用在于催，中节之作用在于随，梢节之作用在于领。

“外三合”是对肢体外表之要求，其运用以腰为主宰，上与两肩两臂相系，下与两腿两胯相随，上、中、下三节相呼应。首先应做到肩与胯合，肩与胯合可使身体中正不偏、不前俯后仰。肩与胯上下垂直，身体即可以中正，肩与胯又有相吸相系之意，以胯带肩，一动俱动。肩与胯能合，肘与膝随之相合。肘与膝合相系运动之配合，亦要含身法中裹裆与松肩沉肘之身法，以利于肘与膝之相合。手足上下亦须相吸相系，足到手到，上下相随，两手之阴阳开合须与两足之外摆、内扣相合。

久练“外三合”可矫正体态，稳固重心，使动作灵活，为进一步练习推手打下得机得势、没有缺陷之基础，更有利于成周身一家之身法，故在行功之时，整个动作须符合外三合之要求。老子云：“道生一，一生二，二生三，三生万物。万物负阴而抱阳，冲气以为和。”负阴抱阳，主要说的就是“合”字。太极拳习练，要求明其阳而注其阴，知其开而注其合。“合”即指太极拳每一动作均须在合（阴）中寓开（阳）、开中寓合之规律中运行。其气势开者其大无外,合者其小无内。拳势中只有合得住,才能蓄得足、开得开。太极拳之外三合尤显此意。

第四式　六封四闭

六封四闭接单鞭,阴阳之力巧转换。
不惧强敌八面击,玄妙之处在腰间。

接上式

动作分解

1. 腰向右转,左手上掤,两手相合,掌心向外。

2. 双手下捋,左手逆缠,右手顺缠,劲走弧线;重心左移,轻提右腿,目视右方。

3. 右脚开步，成左弓步；左手逆缠，右手顺缠，下捋身左，目视左前。

4. 拳势不停，重心右移；左手顺缠，右手逆缠，向上画弧，合于肩前，目视右前。

5. 重心在右，左脚收回，脚尖点地，成左虚步；沉肩坠肘，双手右按，右手前掤，左手随后，左右相合，目视右方。

六封四闭招式之要点:

身体左右转动之时,须以腰脊为轴,上体仍须保持正直,不可前俯后仰。

知识点:

习练太极拳时为什么要松胯转腰?

拳论曰:“腰如车轴,气如车轮,用力在腕,机关在腰”,“十三总势莫轻视,命意源头在腰际”。这充分说明腰脊在习练太极拳时之重要性。

“松胯”即放松人体之胯关节;“转腰”即进行腰部之转动。在拳谱身法之中只有“松胯”一词,而无“转胯”之说。腰胯位于人体之中部,是身体之中轴,对整个运动起承上启下之作用。随腰胯细微之转动,劲力可行于周身各处,故太极拳之核心变化皆为腰胯之变化。胯松,腰部可转动自如;腰转,胯部可随之转动;胯不松腰部僵硬,腰不转胯部不活。二者相辅相成,互为补充也。

第五式　单鞭

单鞭之势最为雄,一字长蛇互西东。
击首尾动精神贯,击尾首动脉络通。
当中一击首尾动,上下四旁扣如弓。
若问此中真消息,须寻脊背骨节中。

接上式

动作分解

1. 身微右转，右胯微沉；左手逆缠，螺旋前穿，穿于身前；右掌顺缠，回拉胸前；双手对拉，向上掤起，目视右前。

2. 右手变勾，先合胸前，再向右掤；腰身左转，左胯放松，右腿微屈，重心在右；左手下拉，手心向上，落于左胯；左脚虚点，目视左前。

3. 右腿微蹲，劲沉于胯；左腿提起，脚尖下垂，目视左前。

4. 脚跟铲出，左开一步，成右弓步；重心在右，目视左方。

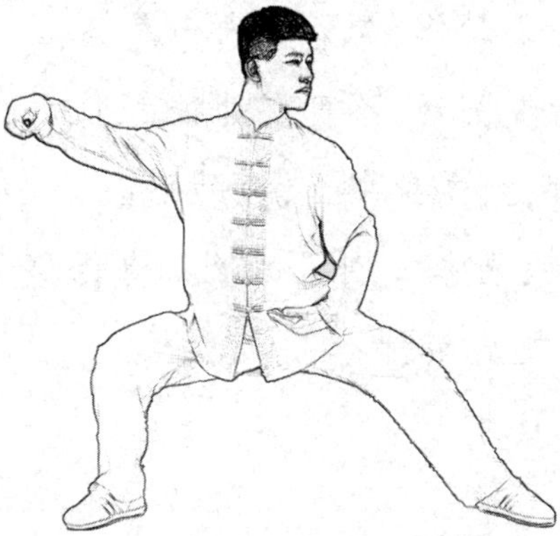

5. 重心在右，身体右转；左手顺缠，上掤穿掌，与右手合，目视右前。

6. 重心左移，左手画弧，逆缠左掤，掌心向外，向左拉开；重心下沉，屈膝松胯，成左弓步；两臂微屈，沉肩坠肘，含胸塌腰，劲向内扣；头随身转，目视左掌。

单鞭招式之要点:

1. 单鞭结尾定势之动作,为外开内合之势。

2. 两手旋转之时要圆活,不可有抽扯之形。

3. 动作运行之时,须立身中正,掤劲不丢。

4. 移动重心之时,要裆走外下弧线;旋转移动之时,膝不可过脚尖;手外翻之时,不可挑肩架肘。

知识点:

什么是单鞭?

拳论曰:两手不在胸之前后,而在胁之左右。左右肱展开,其势似单弱,其势如鞭之毒;两肱展开又如一条鞭,故名“单鞭”。骨节松开,胳膊如挂在肩上,整个运动,似柔而实刚,精神内藏而不露,方为上乘。

第六式　白鹤亮翅

闲来无事看白鹤,右翅舒展又一波。
两手引来挪峰势,奚殊秋水出太阿。

接上式

动作分解

1. 右手变掌,顺缠下捋,目视左方。

2. 左腿承重,身体向左转 90 度;轻提右腿,脚尖点地,手脚同步,与左腿合,目视右前。

3. 右臂顺缠,螺旋上掤,与左臂合,两臂相交;右脚开步,手与肩平,目视右方。

4. 拳势不停,重心右移,左脚右收,脚尖点地;腰微右转,右手逆缠,螺旋右掤;左手顺缠,画弧下捋,双手拉开,左下右上,两臂外掤;屈膝松胯,沉肩坠肘,虚实分明,目视右前。

白鹤亮翅招式之要点：

1. 此式向外展开之时，须以腰带肩，劲达两手之腕部和指尖。

2. 右肘抬起且高于肩，但不能有架肘之意，肘尖须自然下垂。

3. 即将形成白鹤亮翅定势之时，右肩易出现顶劲之现象，重心完全移至右腿则可避免之。

4. 此式大开大合，两腿虚实分明，手合则足丌，手开则足收，上下相随也。

知识点：

什么是习练太极拳之时的意念？

习练太极拳之意念，是一种抽象概念，是形而上的东西，能感觉之，但不可视之。《黄庭经》创作者、道教上清派创始人魏华存提出的“泥丸宫”学说即是一种“意念”之表述。

意念也，亦谓一种思想，一种感受，一种体悟。简而概之，意念即自己大脑之想法与大脑指挥身体动作之过程也，亦即我们在练拳之时常提到的“眼到，心到，手到”。

“招熟”“懂劲”“神明”，也可以称之“熟招”“劲懂”“明神”。此即“意念”在太极拳习练不同阶段中之具体表现形式也。习练者需用意而不用力，以意导气，以气催形。盖因唯有意念集中，身体方可放松，肢体方可协调，内气方可贯通。后，太极之劲生也。

习练太极拳，对意念的运用可分以下几个阶段。

守规矩之阶段，即“招熟”阶段。此阶段主要模仿老师之标准动作，熟记动作之要领，熟练套路之招式、布局、结构等。此阶段是谓以形引气，催生内气，使内气与外形逐渐融合也。

立规矩之阶段，即“懂劲”阶段。此时，招熟套路运用娴熟，习练者之手会出现麻、热、胀之感，此谓内气初现也。然后可用意念协调动作，用“胎吸”之法连通任督二脉，劲走小周天，使内气归入丹田，以养先天之气。渐达以意导气，以气催形，全身节节贯通，内劲连绵不绝之效。

脱规矩之阶段，即“神明”阶段。及此，内气与外形完全融合，太极拳招式动作信手拈来，不再受原招式动作所固有之限制，随心所欲不逾矩，达“浑身上下都是手”之效。

第七式　斜行

斜行又名中单鞭，支撑四方与八面。
前后左右无缝锁，搂膝拗步又规园。

接上式

动作分解

1. 右腿承重，腰向左转；右手逆缠，面前画圆，谨护面部，目视前方。

2. 腰向右转，重心转左；右手逆缠，画弧下捋，左手向上，螺旋画圆，目视前方。

3. 拳势不停，重心右移，提起左脚，目视左前。

4. 右腿承重，斜开一步，重心在右；右手下捋，高于右膝，左手立掌，护住中线。

5. 重心左移，左腿屈膝，身体左转；左手顺缠，置于膝下，右手顺缠，上合右耳，目视左前。

6. 拳势不停，继续左转，重心在左；左手变勾，向上提起，至与肩平；右手立掌，合于胸前，目视左前。

7. 身体右转，右手前推，顺缠画弧，向右拉开；松肩坠肘，含胸塌腰，屈膝松胯；虚灵顶劲，上下四旁，支撑八面，定正身法，目视前方。

斜行招式之要点：

1. 双手缠丝画圆之时，要以身带手，催动两臂转动，如风吹杨柳随风摆。

2. 右手向右画弧之时，须以腰带肩、肘、手，幅度不可过大，且左手不可跟着向右转。

3. 开步之时，脚跟内侧须铲地而出。

知识点：

什么是太极拳中的松肩坠肘？

松肩坠肘是一武术术语也。太极拳中之松肩，首需放松两肩关节，不使其耸起；进而以意识舒展肩部之肌肉和韧带，使双肩向下松沉，同时微微向前合抱（即含胸）。坠肘是肘尖常有下垂之意，不可上翻或把肘尖挑起。拳论曰：打拳运动全在手领，转关全在松肩，功久则肩之骨缝自开，不能勉强，左右肩不松，则转关不灵，且松肩非弹肩，骨节开则肩自松下……此处一开，则全胳膊之往来伸屈，如风吹杨柳，天机动荡，周身毫无滞机，皆系于此。这充分说明松肩坠肘在太极拳练习中之重要地位。

第八式　搂膝拗步

两手平分两足开，右前左后护胸怀。

中间只要身法正，何怕周围一齐摧！

接上式

动作分解

1. 两胯下沉，重心不变；右手顺缠，左手逆缠，左右下捋，画弧上掤，目视前方。

2. 拳势不停，重心右移；右腿承重，左腿提起，双手捧膝，膝随手起；身体微沉，目视前方。

3. 右腿承重，双手收回，合于胸前；双手前掤，左手在前，右手在后；左脚点地，成前虚步，目视前方。

4. 身体微沉，略向右转，双手相合，画弧右捋，目视前方。

5. 左脚提起，向前跨步，双手画弧，上掤前翻，目视前方。

6. 腰向左转，重心左移，成左弓步；左手前推，右臂屈肘，立掌肩前，目视左前。

7. 拳势不停,右腿上步,脚跟着地,脚尖上翘;右手前推,左手顺缠,画弧下捋,目视前方。

8. 重心右移,右腿承重,左腿提起;右手顺缠,画弧下捋,左手顺缠,螺旋上翻,目视前方。

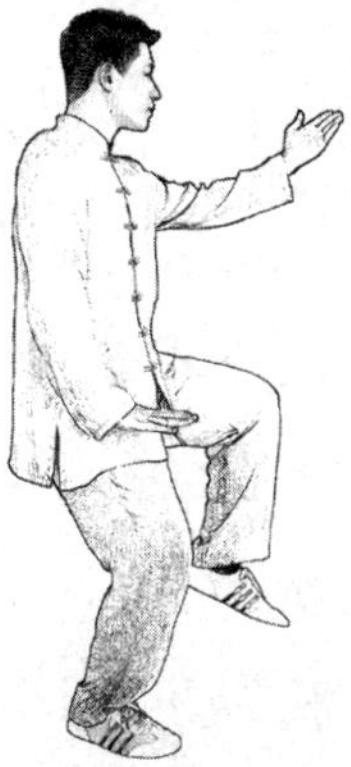

9. 左腿上步,成右弓步;右手逆缠,螺旋画弧,与左手合;双手交叉,劲力外掤,目视左方。

搂膝拗步招式之要点：

1. 搂膝，即双掌从膝盖之下向上捌起之意。动作由开转合之时，须身先动。起身上收之时，须身先回，以身领手，虚实分清。

2. 拗步重心前移之时，身体须下蹲，若灵猫捕鼠之势，全身劲力蓄而待发。

3. 手掌上翻之时，切不可挑肩，腰劲须向下踏实。

知识点：

何为太极拳之劲达四梢？

练功之时，将气运至手指指尖与脚趾尖，使手指指尖、脚趾尖有充盈之感，冬天练拳尤为明显。此即众人通俗理解之气运周身、劲达四梢。

然，太极拳习练功夫之劲达四梢，非通俗之义也。拳论曰：夫四梢者，身之余绪也；言身者初不及此，言气者亦所罕闻，然捶以由内而发外，气本诸身而发梢，气之为用，不本诸身，则虚而不实；不行于梢，则实而仍虚；梢亦可弗讲乎！若手指足特论身之梢耳！而未及梢之梢也。四梢惟何？发其一也，夫发之所系，不列于五行，无关于四体，是无足论矣，然发为血之梢，血为气之海，纵不本诸发而论气，要不可虽乎血以生气；不虽乎血，即不得不兼乎发，发欲冲冠，血梢足矣。抑舌为肉之梢，而肉为气之仁，气不能行诸肉之梢，即气无以充其气之量，故必舌欲催齿，而肉梢足矣。至于骨梢者，齿也，筋梢者，指甲也，气生于骨而联于筋，不及乎齿，即不及乎骨之梢，不及乎指甲，即不及乎筋之梢，而欲足尔者，要非齿欲断筋，甲欲透骨不能也。果能如此，则四梢足矣。四梢足，而气自足矣，岂复有虚而不实，实而仍虚之弊乎！

第九式　掩手肱拳

练就金刚太极尊，浑身合下力千斤。
劝君智勇休使尽，剩下余力扫千军。

接上式

动作分解

1. 重心左移，双手下分，双掌外掤；屈膝松胯，腰劲下塌，目视右前。

2. 重心右移，右手逆缠，画弧上翻，左手顺缠，画弧上合，两手相合，置于胸前。

3. 屈膝松胯,成右弓步;左手立掌,右手握拳,腰微右转,右拳随腰,旋于肋间,拳心朝上;蓄势待发,目视前方。

4. 蹬地转腰,重心左移,成左弓步;右拳逆缠,迅速冲拳,拳心朝下,高与肩平;左手变拳,肘向后打,左拳贴腰,拳心朝上,目视前方。

掩手肱拳招式之要点:

1. 在周身放松之条件下,使全身舒展,达大开大合之势,形寓开而意寓合也。

2. 整个动作若腰不塌、裆不开、膝不屈、足无力,周身运动则不灵便,转换则不活,现呆滞断劲之象。

3. 此动作虽用周身全力发动,然,劲不可过界,劲若出界,则适得其反,故发劲之时须立身中正。臂不可直,亦不能回抽,以自然弹抖为宜。

知识点:

练习掩手肱拳这一招式冲拳之时为何须用螺旋缠丝劲?

通俗地讲,螺旋缠丝劲即外形走弧线,内劲走螺旋。太极拳整套拳术内之运行轨迹,没有平面,没有直线,没有断续处,没有凸凹处,没有抽扯之形,没有提拔之意,浑然一圆也。这句话形象地概括了螺旋缠丝劲在太极拳习练中之主导地位。

太极拳之所以异于其他拳术,不在于动作之缓慢,亦不在于用劲之柔和,盖因太极拳慢练以养气,快用可破敌,蕴含着螺旋运转的缠丝劲。

缠丝劲是太极拳习练之精华,亦是太极拳的一种特殊练法。太极拳之所以能够以小力胜大力,以慢制快,全在于缠丝之劲。陈王廷《拳经总歌》开首曰:“纵放屈伸人莫知,诸靠缠绕我皆依。”讲的即是缠丝劲。拳论云:太极拳缠丝之法也,进缠、退缠、左右缠、上下缠、里外缠、大小缠、顺逆缠,皆非即引即缠,即进即缠,单独使用之,而应因招而变,随机应变,混合用之。

练习掩手肱拳这一招式冲拳之时加入螺旋缠丝之劲有三种作用:第一,可加强冲拳之破坏力,如:子弹出膛,射中物体之时是一个点,进入物体之后,破坏面会逐渐加大;第二,若冲拳之时遇对方格挡,用螺旋劲便于滑脱对方之格挡,用缠丝劲可防止对方走脱;第三,便于冲拳发出之力形成整体合力。

第十式　金刚捣碓

不是金刚降魔杵，妖妖怪怪谁敢阻？
大开大合归无迹，美大圣神方可许。

接上式

动作分解

1. 重心在左，弓步不变；双拳顺缠，左右画圆，合于胸前，目视前方。

2. 重心右移，身体向右转 90 度；双拳变掌，两手拉开；右掌顺缠，画弧上掤，左掌顺缠，画弧下捋，目视右前。

3. 拳势不停，重心左移，右脚画弧，内旋一圈，脚尖前点，成前虚步；右手顺缠，螺旋画圆，左手顺缠，螺旋画圆，两掌相合，置于胸前；左掌在上，掌心向下，右掌在下，掌心朝上，目视前方。

4. 左手翻掌，身前画圆，落于腹前，掌心朝上；右手变拳，蓄在身前，目视前方。

5. 左腿承重，屈膝松胯；右拳下沉，落于左掌，拳心朝上，目视前方。

6. 右拳上冲,高不过鼻;右腿提膝,右脚悬空,自然下垂;身体下沉,上下相合,目视前方。

7. 左腿承重,右脚震脚,落地踏实,两脚距离与肩同宽;右拳下沉,落于左掌,两臂撑圆,屈膝松胯,重心回正,目视前方。

金刚捣碓招式之要点:

1. 右臂下沉里合之时,不可弯腰夹肘,失去掤劲。

2. 提腿之时,身体须下沉,有上下相合之意;提拳之时,须松肩沉肘,促使内气下降。

知识点:

练习金刚捣碓时震脚会伤及大脑吗?

拳论言:"金刚捣碓敛精神,太极浑然聚我身。"练习金刚捣碓时正确地震脚,不会伤及大脑。若方法不对,则可能伤及大脑。练习金刚捣碓时,正确的震脚方法是:右脚向下震脚之时,全脚掌同时落地,重心支撑依然在于左腿,如左腿半蹲、用右脚向下踩踏物品。震脚之时,左腿高度始终保持不变,不因提腿或震脚而改变高度。右脚震脚发力,需松活弹抖,不可使用僵硬之劲。

第十一式　撇身拳

庇身捶势最难传,两足舒开三尺宽。
两手分开皆倒转,两腿合精尽斜缠。
右拳落在神庭上,左拳叉住左腰间。
身似侧卧微嫌扭,眼神戏定左足尖。
顶精领起斜寓正,裆间撑合半月圆。
右肩下打七寸靠,背折一靠更无偏。
右手撇回又一捶,此为太极变中拳。

接上式

动作分解

1. 身体微沉,右拳变掌,两手外掤,左右分开,目视前方。

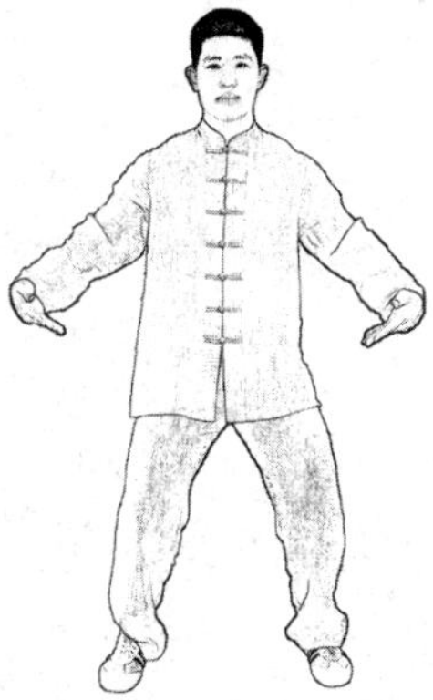

2. 重心左移,右腿提膝;右手逆缠,左手顺缠,左右画圆,交叉胸前,目视右前。

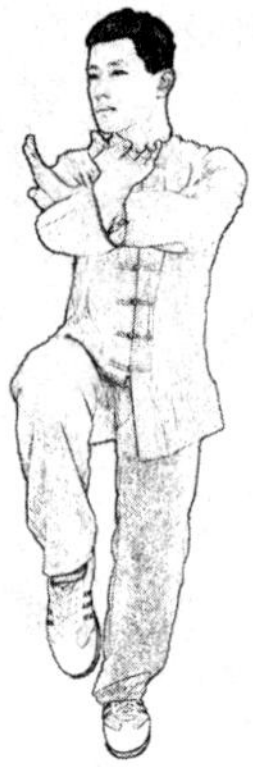

3. 拳势不停,右开一步,成左弓步,目视前方。

4. 身体左转,重心在左,双手左掤,目视左侧。

5. 身体右转,重心右移;右手逆缠,画弧下捋至右侧;左手顺缠,外掤画弧,推于面前,目视前方。

6. 重心左移,身体左转,成左弓步;左手顺缠,画弧下捋,叉于腰间;右手逆缠,画弧上掤,左前变拳,目随右拳。

7. 重心右移,身体向右转 45 度,成右弓步;右臂逆缠,画弧外翻,向右上掤,至太阳穴;左臂撑圆,左肘里合,左脚左肘,对应右拳,上下呼应,三点一线,掤劲撑圆,目视肘、脚。

撇身拳招式之要点：

1. 左脚向左横开之时，身体须微下蹲，含胸塌腰；两胯须松活且微扣；两膝微外开，两脚尖微外摆。周身皆成外掤之劲。

2. 此动作亦谓插裆引进，有待发之意。身体左转之时松左胯；左腿屈膝下蹲之时提右脚；右脚向身体之右侧横开一步，脚跟内侧先着地，后向外铲出，随后踏平。

3. 成势之时，拧腰转裆，身体微前倾，身虽斜而中气正也。右拳、左肘尖、左脚尖形成一线，周身相合。忌弯腰突臀。

知识点：

什么是太极拳中的“周身上下都是手，挨着何处何处击”？

拳论有云：“一气旋转自无停，乾坤正气运鸿蒙。学到有形归无迹，方知玄妙在天工。”

“周身上下都是手，挨着何处何处击”，是太极拳习练之高级境界。太极拳乃一种意气之运动，着重于精、气、神之修炼，尤其在锻炼之时，要以意导气，以气运身，气随意走，形随意行，进而推动血液之运行，使气血运行流畅而致平和，即“气遍周身不稍滞”，再而“汗流浃背而不喘”，最终达“妙手一着一太极，空空迹化归乌有”“挨着何处何处击，我也不知玄又玄”之效。

对抗之时，习练者肩、肘、胯、胸等部位遭遇对方打击之时，皆可借力打力，顺势而为，化打结合，将对方之劲力反作用到对方之身，即“周身上下都是手，挨着何处何处击”。至此，身体如充满气之皮球，全身皆是受力面，各处都为反击点。哪个部位受力越大，则转化之力越强，使对方受到自身反作用之劲力的伤害越大。

第十二式　双推手

全身合住往外掤，双掌猛推击前胸。
此势内含多面劲，还有封闭在其中。

接上式

动作分解

1. 右拳变掌，左手上合，双手右掤，目视右方。

2. 左脚外摆，身体向左转 180 度，重心左移，双手下捋，目视左前。

3. 拳势不停,右脚收回,脚尖点地,成右虚步,目视右前。

4. 右脚提起,右开一步,目视右前。

5. 双手螺旋,向左上掤,双掌相合,贴于左肩;重心右移,身体微转,左脚收回,脚尖点地,目视前方。

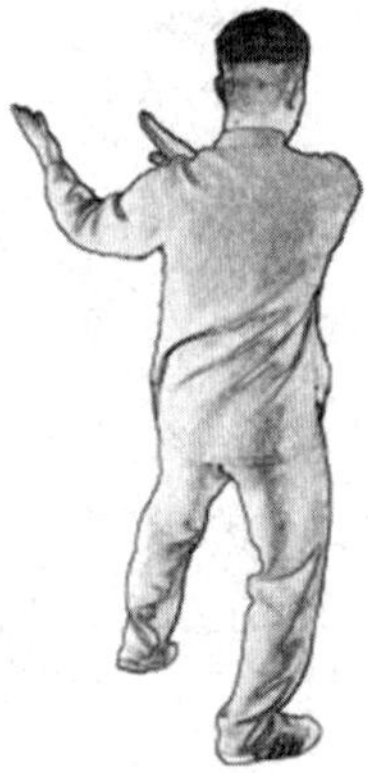

6. 右腿承重,成左虚步;双掌合力,向前推出;塌腰松胯,松肩沉肘,劲贯双掌,目视前方。

双推手招式之要点:

1. 胸内含,气下沉,两胯内扣,左脚内侧蹬地。同时松右胯,带动重心自然右移。掌心向外,周身成外掤之劲。

2. 呼气之时双手前推。此时胸向内含,后背弓起,身体呈前后对拉之势。

3. 双推手动作成型之时,须松髋、松肩、沉肘,气贯指尖。

知识点:

练习太极拳如何防止膝盖疼?

练习太极拳时,膝盖非受力之部位,仅用于劲力转换或传导。然,习练太极拳之时,拳架重心普遍偏低,多处于半蹲之状态。故,易造成膝盖受力,出现膝盖疼痛的现象。初学之,盖由习练之方法不当而造成。正确之法如下:

其一,规范掌握拳架步形和步法之动作要领,熟悉拳架刚柔劲力之运用,合理分配拳势、步形、步法之虚实变换,使拳势动作之配合协调一致。

其二,拳架宜高不宜低,宜遵循循序渐进之原则,不可刻意追求功夫。

其三，练拳之时，要注意“三不三要”：第一，膝盖不过脚尖，膝盖要均匀受力；第二，膝盖不内扣，膝盖要注意转换；第三，膝盖不外撇，要保持身体中正。

长时间正确习练太极拳之招式，可使身体之肌肉、关节、韧带与骨骼逐步适应手形手法、身形身法、步形步法对身体之牵拉刺激，可有效锻炼膝盖这一部位，对膝盖起到保护作用。

第十三式　肘底看拳

左肘在上，右拳在下；胸有含蓄，侧首俯察。
左足点地，右足平踏；两膝屈住，裆中阔大。
神完气足，有真无假；承上启下，形象古雅。

接上式

动作分解

1. 左手顺缠，画圆下捋；右手顺缠，画弧上挪，置于面前，右上左下。

2. 右手变拳,顺缠下沉,合于腹前;左掌顺缠,身左画圆,上转身前,高于头顶,目视前方。

3. 左肘下沉,右拳左击,拳击肘底,肘上拳下,肘沉拳托;右腿承重,左脚点地,屈膝松胯,含胸塌腰,目视前方。

肘底看拳招式之要点:

1. 两手向身体两侧分开之时,左膝须略外摆。右脚五趾抓地。裆要撑圆,与"白鹤亮翅"类似。

2. 脚步不动,以腰脊为轴,手随身转,左膝于身体左转时向外摆。

知识点:

什么是太极拳之逆腹式呼吸?

呼吸为重要之生命体征。呼吸之强弱、快慢、大小、长短表示人们身体健康之程度。正确练习逆腹式呼吸,如拨慢人体之生物钟,可减少能量之消耗,可延长能量发挥之时间,亦即延长了生命。

陈鑫曰:“出肾入肾是真诀。”逆腹式呼吸之吸气呼气皆需经过肾脏部位。“肾为生命之源,是固体之本。”当吸入之外气进入体内,皆收敛入脊背,达于肾,两肾向身体背后两侧开张,亦即太极拳“气贴脊背”之理。此法可强壮肾脏,刺激内分泌,促使荷尔蒙之再生,改善健康状况,恢复青春活力。

太极拳之逆腹式呼吸即为“调息”:吸气时要轻,呼气要长,吸气之时小腹内收,两脚十趾抓地,涌泉穴要虚。需注意,此与生活中之呼吸不同,生活中之呼吸为自然呼吸,无须意念引导,吸气之时,小腹隆起,呼气之时,小腹凹陷。然,逆腹式呼吸为内家功法之“调息”,亦即“先天胎吸”。在意念引导之下,吸气之时,小腹内收,呼气之时,气向下沉,归入丹田,小腹外凸,亦有发胀发热之感。

第十四式　倒卷肱

举足皆前进,此势独退行。
两手如日月,更迭转无声。

接上式

动作分解

1. 右拳变掌,向上前掤,左手下捋;左脚退步,重心在右,目视右前。

2. 重心左移,右脚左收;右手顺缠,略微下沉;左手顺缠,螺旋画圆,合左肩前,目视前方。

3. 右脚退步,身体右转,重心右移;右手逆缠,画弧下捋;左手逆缠,向前推出,目视左手。

4. 右腿承重,左脚右收,脚尖点地;右手逆缠,向后画弧,合右肩前;左手微沉,目视前方。

5. 左脚后退，重心左移；右手前掤，左手顺缠，画弧下捋，目视右前。

倒卷肱招式之要点：

1. 左手由上向后伸展之时，有外拨之意。右手具前推之势。

2. 右手下沉之时，以肩右转，臂随肩下沉。

3. 退左步之时，须待右手将合至右胸之时再退步，两手一前一后有相合之意。

4. 此式是太极拳套路中唯一连续后退之拳式，退步之时，皆先收再后伸，双掌一合一开，上下肢体皆需协调配合；腰劲下沉，使丹田之气往外运，两手如风催车轮，圆转自如，整个动作无凹凸缺陷，内劲无中断之象。

5. 每欲向后撤步之时，重心皆需移向前腿；转体时，重心皆需移于后腿，双掌由逆缠变为顺缠。

知识点：

什么是“四两拨千斤”？

《打手歌》开宗明义：“掤捋挤按须认真，上下相随人难进。任他巨力来打我，牵动四两拨千斤。”这形象地概括了对抗之时使用巧劲之要。

“四两拨千斤”者,须牢记“牵动”二字。何为“牵动”? 实为太极拳以柔克刚、引进落空、借力打力之形象描述。

拳论曰:“人刚我柔谓之走”,“欲刚先柔,欲扬先抑”,皆为“以柔克刚”之理。“以柔克刚”即避敌之锐,用顺化随和之法牵动对方,借有利之机瞬间击倒之。

《打手歌》云:“引进落空合即出,沾连粘随不丢顶。”此即“引进落空”之要。顺对方劲力牵动之,将对方之力引进化解,使对方劲力落空,然后借力打力,以最小之劲力,顺对方劲力之走势,击打之,则为“引进落空”之妙也!

第十五式　闪通背

前人留下闪通背,右掌劈下大转身。
右脚抽回庚辛位,周身得势胜强秦。

接上式

动作分解

1. 身体左转,重心左移;左手逆缠,右手顺缠,左上画弧,双手掤出,目视左前。

2. 身体右转，重心右移，左脚收起，脚尖点地；右手顺缠，画弧上捋；左手逆缠，画弧下捋，目视左侧。

3. 腰向左转，左手逆缠，画弧上掤；右手顺缠，行至腰间，目视前方。

4. 拳势不停，左脚提起，上前一步，成左弓步，重心前移；右手上穿，左手下捋，护于腰间，目视前方。

5. 左腿承重，左脚内摆，右腿提膝，身体向右转180度；右手缠丝，先逆后顺，上掤下捋，迅速外翻，置身右侧；左手逆缠，画弧上翻，置身左侧，左上右下，目视前方。

6. 右腿震脚，重心转右，左腿提膝，斜开一步；右手逆缠，左手顺缠，双手画圆，合于胸前；屈膝松胯，腰劲下塌，目视前方。

闪通背招式之要点：

1. 重心移至左腿之时，双手成捋状，此式有先掤待捋之势。

2. 在身体螺旋上升之时，提起左脚，两手随之由后向前画弧，画弧之时，胸、腰、臂、肘皆需放松。

3. 此式下合之时，须以腰为轴，左右转动，左手上掤，右手与左膝、右肩与左胯均有相合之意。

4. 两手画弧上掤，提腿迅速转身之时，动作均须协调一致。此式为过渡之动作，若动作熟练，此动作不再停顿，随动作而动。

5. 身体左右旋转之时，动作要快，注意拧腰、松髋、稳重心，使之起到前闪后滑、诱敌深入之妙用！

6. 此式易现右肩顶劲与虚实不分、失掉裆劲等顾此失彼之现象。故，须注意重心转换与腰脊之配合，以身领手，周身相随。

知识点：

练习太极拳时如何做到刚柔相济？

太极拳之刚柔相济即柔中有刚、刚中寓柔之义。初练者身上皆有一种坚硬拙劣之劲力，欲掌握刚柔相济之劲，需改变用肌肉做动作之习惯，去除僵硬之劲。

练习之时，首须刻意求柔，以意念主导之，化拙力为柔弹之力，无意（识）而成刚。次要周身松开，此“松”可理解为将身肢放长，以达松开之效。习练中皆须松肩沉肘、含胸塌腰、屈膝松胯，使身体之各部位放松，从而对拉拔长，由松开之放长，使肢体各部位产生弹性，弹性生而刚力自生也。

太极拳之刚劲，亦靠缠丝劲来辅助其提升质量。盖因太极拳之运动特别要求劲走螺旋缠丝，此螺旋式之运动，又须以走弧线来实现。日久，方可由僵变柔，由柔而生刚，以达可柔可刚、刚柔相济之境界。

第十六式　掩手肱拳

忽然有敌自东来，右拳即向东面开。
右足进步休宽缓，乘兴来者仰面回。

接上式

动作分解(动作拍摄角度微调)

1. 重心左移,双手下分,两掌外掤,屈膝松胯,腰劲下塌,目视右前。

2. 重心右移,右手逆缠,左手顺缠,左右画圆,双掌相合,置于面前,目视前方。

3. 右手握拳,落于腰间,左手立掌,置于胸前,左右相合,蓄势待发,目视前方。

4. 右腿蹬地，迅速转腰，重心右移，成左弓步；右拳逆缠，迅猛前冲，拳心朝下；左手变拳，肘向后打，左拳贴腰，拳心朝上；脚腿发劲，腰身中转，肩肘传输，右拳猛击，目视前方。

掩手肱拳招式之要点：

1. 两手下分之时，身随重心移动，以身带手。

2. 发劲之时，右脚蹬地，裆劲内扣，拧腰转裆，腰脊为轴，立身中正，旋转发力，前拳后肘，二劲平衡。

知识点：

练习太极拳时为什么要五趾抓地？

五趾抓地即五个脚趾下压，与地面进行接触。五趾抓地之时，脚趾不可用力扣着地面，而要使脚掌与脚跟形成一个平面，与地面接触。盖因脚心之涌泉穴是身体薄弱部位之一，不宜久受重力压迫或受重力猛击。五趾抓地且与脚掌、脚跟形成一个平面，可使涌泉穴向上弓起，完全离开地面，便于其放松，亦便于意念引导浊气下降于涌泉穴，通过涌泉穴将浊气归入大地。

五趾抓地可使根基牢固，如树生根。如人履于冰上，行于泥地，在水中、在陡坡行走之时，为保持身体之稳定，皆会下意识地五趾抓地。

第十七式　六封四闭

一阴一阳护胸前，何惧四面八方攻。
只要一招能理透，何愁百式不能精。

接上式

动作分解

1. 拳势不停，重心转右；双拳变掌，右手顺缠，小圈外掤；左手上掤，接于右手，两手相合，目视前方。

2. 左脚外摆，重心左移；双手顺缠，画弧下捋；右腿提起，身体向左转 90 度，目视右前。

3. 拳势不停，右脚开步，成左弓步；左手逆缠，右手顺缠，下捋身左，目视左前。

4. 拳势不停，重心右移；左手顺缠，右手逆缠，向上画弧，合于肩前；左脚收回，脚尖点地，目视右前。

5. 右腿承重，成左虚步；沉肩坠肘，双手右按，右手前挪，左手随后，挪劲撑圆，目视右方。

六封四闭招式之要点：

1. 右手先略下收，继而向上外掤，左手直接斜上，成捋状。双手前掤之时，松两肩，丹田以下气略下沉，丹田以上气略上升，腰部上下皆有对拉之意。全身内气鼓荡皆成外掤之劲。

2. 两手相合，接劲之时，以腰为轴，催动左手与右手合，忌单臂运行与身体前探。

3. 按出之时，须松胯塌腰，沉肩坠肘，两手合力，随身而动，下沉前按，周身一致。

知识点：

什么是“劲断意不断”？

“劲断意不断”，即在两招衔接之间或上招定势之时，从外形看，动作已静止，劲力已断；然，按太极拳“动中含静、静极生动”之原理，定势之时，气注下降，内气沉于丹田。动作运行初期，丹田内劲随动作运行而运行；随着动作演练之熟练，外形动作将随丹田内劲运行而自然而然运行。此即太极拳由“以形带气”至“以气催形”之功效。

故，练拳之时意念不能断，意念断则劲散。一个动作的静止，是下一个动作之开始，是蓄劲、准备之阶段。太极拳之套路动作，从起势始，到收势止，皆有行云流水、连绵不断之特性。

第十八式　单鞭

声东击西计最良，此是平居善用方。
谁知实向东推毕，转脸西击一字长。

接上式

动作分解

1. 身微右转，右胯微沉；左手逆缠，螺旋前穿，穿于身前；右掌顺缠，回拉胸前；双手对拉，向上掤起，目视右前。

2. 右手变勾，先合胸前，再向右掤；腰身左转，左胯放松，左脚虚点，右腿微屈，重心在右；左手下拉，手心向上，落于左胯，目视左前。

3. 右腿微蹲,劲沉于胯;左腿提起,目视左前。

4. 脚跟铲出,左开一步,成右弓步;重心在右,目视左方。

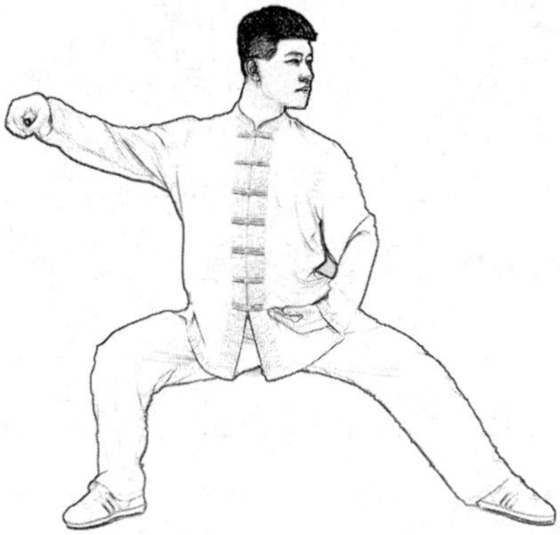

5. 重心在右,身体右转;左手画弧,上掤穿掌,与右手合,目视右前。

6. 重心左移，左手画弧，翻掌左掤，掌心向外，向左拉开；重心下沉，屈膝松胯，成左弓步；两臂微屈，沉肩坠肘，含胸塌腰；头随身转，目视左掌。

单鞭招式之要点：

1. 两手旋转之时须圆活，不可有抽扯之形。

2. 右手变勾手上提之时，须随身体旋转，塌腰、松肩、沉肘，以腰为轴，节节贯串。

3. 右腿支撑重心之时，须上下相合，忌弯腰突臀。

知识点：

习练太极拳时如何做到含胸塌腰？

“含胸”即在自然立正之状态下，将两肩胛微微内合，二目平视，双手自然下垂，胸脯向内微收，有内合之感；“塌腰”即两肋腰眼（命门穴）向内微收，会阴穴微上提，小腹随之内收，脊柱向上、胯部向下形成对拉，使身体保持立身中正之姿。

“含胸塌腰”可以拉开肩部、背部、腰部之筋骨，使身体中正安舒；使全身劲力内合，以涵养中正之气；使全身气血运行更畅，劲气遍布周身。

第十九式　云手

两手转环东复西，两足横行步法奇。
来回运气恒不已，双悬日月照乾坤。

接上式

动作分解

1. 右手变掌，顺缠画圆，置于腹前，目视左前。

2. 重心右移，右手顺缠，画圆上翻；左手逆缠，画圆下捋，置于腹前，目视右前。

3. 重心左移，左手逆缠，画圆上翻；右手顺缠，画圆下捋；右脚并步，屈膝松胯，目视左前。

4. 重心右移，左脚开步；右手顺缠，画圆上翻；左手逆缠，画圆下捋，目视右前。

5. 重心左移，右脚并步；左手逆缠，画圆上翻；右手顺缠，画圆下捋；屈膝松胯，目视左前。

6. 重心右移，左脚开步，成右弓步；右手顺缠，画圆上挪；左手逆缠，画圆下捋；以腰为轴，两手画圆，车轮翻滚，上下往返，劲贯四梢；并步撤步，身法轻灵，攻防兼顾；目视左前。

云手招式之要点：

1. 身体下蹲之时，须松左胯；右手自上而下，作引进之势；内气随身体左转，以意领气，双手由上向下，作半圆周之运动。

2. 云手，须以腰为轴，双手在体前循环向左右两侧画圆，如车轮翻滚，上下往返。拳论曰："两手运转，上不过眉，下不过脐，随步运动，随身旋转。"

3. 左掌向下画圆之时，右掌则上行之。双掌交错，向上、向下、向左、向右运动之时，两侧下肢须配合横向迈步。开右足，右掌由上往下画圆，左掌由下往上画圆。

知识点：

练习太极拳时如何转换重心？

习练太极拳套路，常需重心之转换。重心在右，欲左移之时，须先松左膝，膝松则胯松，左膝松下，左胯亦随之松开，命门亦随之向下松沉。而左腿在自然松沉之过程中，会有向上之反作用力作支撑，而右脚蹬地使身体转动之时，由右膝至右胯、右胯至臀部、臀部至左胯、左胯至左膝，完成重心左移。右移重心之动作反之。

连续转换重心，整个运动之路线形成“背丝扣”。重心转换之时，须以意导气，以气催形。然初学者如意念全在裆部，劲用于腰裆，失其松活自然，则有违太极之拳理。

第二十式　雀地龙

未被人推身落地，如何下体坐尘埃。
下惊上取君须记，颔下得珠逞奇才。

接上式

动作分解

1. 重心左移，身体左转；双掌握拳，左拳上掤，右拳画弧，先下后上，两拳相合，交叉胸前，目视前方。

2. 身体右转，重心右移；两臂拉开，左拳往下，右拳往上，成右仆步；头顶领劲，裆劲圆活，两臂掤圆，身法端正；目视左下。

雀地龙招式之要点：

1. 此动作下蹲之时，周身须沉肩、坠肘、含胸、塌腰，两肋内束，气往下沉，双拳交叉之时周身合劲。

2. 重心右移之时，右膝先向外摆，裆部随之铺下（须据自身条件而定），以左腿腿肚贴于地面为宜。身体须略前倾，有前冲之意。

3. 重心由左足移向右足，左足前伸之时，气需下沉；身体下蹲之时，要松腰落髋，身体随气沉而下，忌挺胸或用僵劲下蹲，下蹲之时须含上冲之意。

知识点：

太极拳如何打最好？动作是高还是低？

求健身者，则放松身心练之；求功夫者，则中规中矩练之。

初学，架势不易偏低，盖因不懂习练之法，过低则影响动作之转换，呈生拉硬拖之象；再者，初练之时，各处关节、经络未开，易损伤，易使关节、经络疼痛（初学者，盖因耐受力不够，多出现膝盖或大腿痛，属正常现象，不必担心，一周转好。若疼痛过久，则需调整习练动作，按外三合之要求练之。但膝盖切不可过脚尖）。待招式熟悉，训练方法正确之后，方可逐渐降低练习身法。

第二十一式　上步七星

太极循环如弄丸，盈虚消息化波澜。
岂知凡事皆根此，那有奇方眩人观。

接上式

动作分解

1. 身体微转，重心左移，成左弓步；左拳上冲，高与眼平；右拳顺缠，下合右肋，目视左前。

2. 身体向左转 90 度，右脚上步，至左脚前，脚尖点地；右拳上冲，至左拳内，双拳相合；屈膝松胯，劲起腿脚，主宰于腰，贯于双拳，目视前方。

3. 身体微沉，两肘微掤，双腕贴紧；双拳画圆，先外后里，目视前方。

4. 旋转一圈，转到面前，双拳变掌；屈膝松胯，劲起腿脚，主宰于腰，贯于拳掌，目视前方。

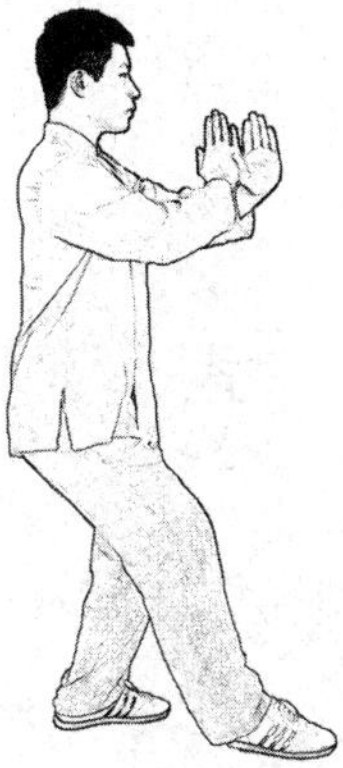

上步七星招式之要点：

1. “上步七星”又名“七星拳”。七星指七处位置，即右拳、右肘、右肩、头、左肩、左肘、左拳，前六个部位助左拳上冲，同时上步，故名“上步七星”也！

2. 此式重心前移之时，恰是两拳左上右下之时。左拳上冲有击打对方下巴之意。左拳领劲上冲，右脚蹬地提起，右脚尖点地之时，亦是左右两拳相合之时。

3. 两腋两肘微向外撑，外方内圆，四面支撑。忌耸肩、亮肘。上顶领起之时，腰劲下塌，裆部虚圆。双目平视。

4. 转腕之时，须松胯沉肩，用胸腰折叠之劲旋转手腕。

知识点：

什么是太极拳中的松沉？

体欲松，则筋骨必先松；筋骨欲松，则心必静；心静，则气沉；气若能沉，则全身皆松。故，松沉之关键，皆在以意气贯注于经穴也。意气贯注经穴，即可在心境放松之前提下，以意念引导内气由各处节窍进入骨髓之中，而又出于骨缝，充于肌肤，通于经络，达于四梢，使身体各部节节贯穿、自然松开，且放松之中含沉着，久练则能达松沉之效。

故，初习者，需由松沉入手以求柔顺，此为去除拙力僵劲、培养太极柔韧内劲之关键也。

第二十二式　下步跨虎

平分两手泛轮尻，猬缩微躯似猿猱。
右手上擎山岭压，左肢下跨虎身牢。
裆根大开圭璧势，眼睛上视指甲高。
一实一虚足相异，转身一动服儿曹。

接上式

动作分解

1. 拳势不停，右脚提起，向后跨步，身体右转，重心右移；左手微掤，右手逆缠，画弧下捋，目视前方。

2. 右脚外摆,身体右转 90 度;提起左腿,向前上步,脚尖点地;双手顺缠,右手在上,置于胸前,左手在下,置左腹前,侧掌相合,指尖朝前,目视前方。

下步跨虎招式之要点:

1. 此动作为大开大合之动作。松右胯屈膝下蹲之时,右膝略前弓。身体右转之时,则带动左腿轻灵上步。预劲领起之时,腰脊竖直,裆部虚圆。

2. 此动作须跨步轻灵,虚实分明,上引下进,周身相随。

3. 双手下分之时,腰劲须塌下,两臂不失掤劲。两手由分转合之时,须松肩沉肘,后背放松,收回左足,两肘相合,两膝相合,气归于丹田。

知识点：

什么是“虚领顶劲”？

“虚领顶劲”是习练太极拳的重要动作之一。何为“虚”？“虚”，即无实形也，即为以意念导之。“虚领”，以意念向上领起之意也。“顶”，是谓支撑之意，而非向上顶起也。“顶劲”，即“劲顶”也，亦即在意念之引导下，用劲力向上支撑身体的某个部位，使其形成对拉之势。

“虚领顶劲”多用于讲解肩部与头颈部位所形成之对拉动作。如：肩部自然松沉，放松颈部，百会穴向上领，有绳提之意，劲力向上，将头部自然撑起。百会穴与会阴穴虚虚相对成一直线。亦可用于讲解腰部与胯部所形成之对拉动作。

久练“虚领顶劲”，其一，可使人体符合自然之律，利于血液循环与内气通畅也；其二，颈椎、腰椎保持自然正直对拉，可调节颈椎、腰椎之受力结构，有效缓解颈椎、腰椎之病痛。

第二十三式　双摆莲

右手上托倒转射，先卸右肱让英雄。
再将两手向左击，左脚横摆夺化工。

接上式

动作分解

1. 左脚点地，脚跟外摆，身体向右转 180 度；左脚踏实，重心左移，右脚外摆；右手顺缠，画弧外掤，左手随身，画弧下按；眼随身动，目视前方。

2. 身体右转,重心右移;右手右掤,左手画弧,随后前掤;左腿提起,双手上掤,目视前方。

3. 左脚落地,向前开步,重心在右;身体下沉,双手外掤,目视前方。

4. 重心左移，左脚内摆，右腿提起；身体向右转 180 度，双手右掤，平行画圆，眼随身动。

5. 右脚落地，左脚开步，成右弓步；双手右掤，目视前方。

6. 重心左移，左腿承重；双手顺缠，螺旋下捋；右腿跟进，目视前方。

7. 右脚上旋,踢外摆腿,两手左捋,双击右脚,目视右前。

双摆莲招式之要点:

1. 重心前移之时,恰是身体右转、双手向右伸展之时。左半身是前开劲,右半身是后蓄劲,故称"开蓄并合"之劲。

2. 右腿上踢之时,裆劲须向上领起。右脚摆至身体中线之时,与两手先后成合劲,拍击两下,声音相连。摆脚与手合击之时速度要快,力点要清,发力干脆。忌右腿上摆之时身体上拔。

3. 手领身转腿相随,周身劲力合一处。

知识点:

练习太极拳时为什么要以腰为轴?

太极拳运动是以意识为指导,以腰为轴带动肢体画圈之运动。历代太极拳名家皆重视以腰为轴。太极拳动作之源头在于腰轴,由腰轴转动而带动躯干运动,再由躯干转动带动下肢和上肢的运动。如无腰轴之带动,则四肢之动作必然散乱,不能上下相随、完整一气。唯有在腰轴之带动下,上肢、下肢与躯干方可协调一致,身体各部方可紧密配合,达周身统一。

以腰为轴,亦可产生缠丝劲。缠丝劲在以腰为轴带动肢体画圈运动中产生。以腰为轴,肢体即为轮,轮随轴转,以轴带轮,此太极拳运动之基本方式也。

上身之运动即转腰旋背，以背带肩，以肩带肘，以肘带腕，以腕带手，手随腰转；下身之运动即转腰旋骶，以骶带髋，以髋带膝，以膝带踝，以踝带脚，脚随腰转。此动作皆是肢体随腰轴转动之运动，称之为公转。

而上身轮之半径，从腰之手，中有肩、肘、腕等关节；下身轮之半径，是从腰之脚，中有髋、膝、踝等关节，此关节皆为轴。在腰轴带动下，上、下肢运动皆为自转。

在公转带动自转之运动中，包含螺旋缠绕之运动。此由公转带动自转，螺旋缠绕之运动中蕴藏之劲，称之为缠丝劲。缠丝劲是由公转和自转组合之劲。此公转和自转组合之缠丝劲皆由太极拳运动之方式而定，故称太极拳之缠丝劲。

第二十四式　当头炮

合辟刚柔顺自然，一扬一抑理循环。
当头一炮人难御，动静形消太极拳。

接上式

动作分解

1. 右脚落地，左腿在前，重心在左；两手上掤，目视前方。

2. 重心后移,成右弓步;双手下捋,置于腹前;双掌变拳,蓄势待发,目视前方。

3. 右腿猛蹬,左腿前弓,双拳合力,向前抖发;左拳在前,右拳在后,拳眼向上,高与肩平;发于腿脚,转于身腰,劲贯拳顶,目视前方。

当头炮招式之要点:

1. 左臂向左后发弹抖背靠之劲,发劲之时,身体略螺旋上升,发力动作须完整一气。此动作需上下配合,发劲之时,有上下对拉之意。

2. 拍脚后,步要稳。上引下进,协调一致。

3. 双手下捋,重心后移,身体右转之时,须协调一致,忌弯腰。

4. 两手握拳上提,须与身体上下相合,重心合于右腿,裆要开圆,身要含蓄,如张满之弓,一触即发。

5. 双摆之后,右足向右后伸,双掌向左前微按,须有上下配合之意，此式须同时完成。

6. 双拳向左前方发劲之时，需先调整后捋之身法，再向斜上方发力，此力谓“抖劲”，故需上下配合，周身松活弹抖，双拳方可将劲力发出。

知识点：

什么是太极拳的“内三合”？

太极拳的“内三合”为心与意合、意与气合、气与力合。

心与意合：心为神之本，神总称为精神，为行功之本能。有精神即可启发作用，运动周转方能得当，并无有呆顿、沉滞、冥顽不灵，有碍天行动之弊。拳论讲：“精神能提得起，则无迟重之虞。”精神在行功之时，为第一作用力，故有“神为主帅，身为向躯使”之说。

意是心神发出的指令，是大脑产生的本能，运用时以神导意；意是心神的想象力，可调节周身的运动。意在内而不在外，神与意密切相连，有心神之令才有意动，只精神无意念则无方向，必致散漫；只意念无精神，神不能内固，不能全神贯注，气必散乱，如失掉统帅，无人掌管必致散漫，故需心与意合。

意与气合：太极拳要求处处意念在先，每一动都要用意念来支配，意念在内而不在外，是无形的想象力，不可能产生功能，需要用气之引导。气是人体里的气息，无形无质，无气人则亡。习练太极拳皆以神意引导丹田之气，使之运行转动，每一动都要意到气到，以气运身，使周身舒通灵活，无往不到。因神意为气之领帅，气是力生之母，无神意导引，气则无所从，必致散漫，故需意与气合。

气与力合：拳论讲“意到、气到、劲到”，劲就是力，力在意念和气的配合运动中产生。力可分为先天之力和后天之力，而太极拳讲用意不用力，即不用后天之拙力与僵劲，而是以神意引导丹田之元气练成一种内力,此力在体内以神意引导,收敛入骨,凝入骨髓,气随意运,毫无阻滞,行功时可做到意到、气到、劲到。此力为太极之内力,故气与力相合方可产生太极之内劲,如百炼钢,无坚不摧。

内三合之配合是太极内功练习之重点,对于充沛精神、增长内劲、治疗内脏与神经系统疾病均有良好之效果。神意气是身体之内在运动,皆看不到之物,只有久练,功夫到达一定程度方能体会之。内外三合,实为里表,一主一副,不宜偏废,拳论行功"意气君来骨肉臣"恰好说明了这点,故需内练神气,外练肢体,内外兼修,方为正道。

第二十五式　金刚捣碓

先左后右不为奇,一动一静是围棋。
围到山穷水尽处,突然一势判雄雌。

接上式

动作分解

1. 双拳变掌,向右方捋,重心右移,成右弓步,目视前方。

2. 腰向左转，重心左移，成左弓步；左掌前撩，内合胸前，手心朝内，右手在后，掌心朝上，目视前方。

3. 右手上领，右脚上步，脚尖点地，成前虚步；双手相合，置于胸前，目视前方。

4. 左手下按，置于腹前，左手翻掌，掌心朝上，右手上提，由掌变拳。

5. 右拳下落,压至左掌,拳心朝上。

6. 左腿承重,屈膝松胯;右拳上冲,高不过鼻;右腿提起,脚尖下垂。

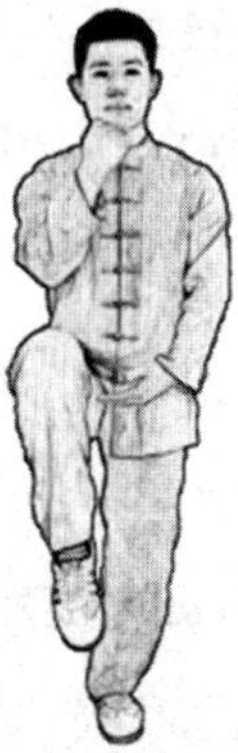

7. 左腿承重,右腿震脚,落地踏实;两脚距离与肩同宽,双腿承重,右拳下沉,落于左掌,两臂撑圆;耳听身后,含胸塌腰,屈膝松垮,目视前方。

金刚捣碓招式之要点：

此金刚捣碓震脚落地之势与起手金刚捣碓震脚落地之势，可称“文相始，武相终”也，即开始之时徐徐起势，文雅大方，最后震脚落地收势，有“文武两相”之称。

知识点：

什么是太极拳之气沉丹田？

气沉丹田，即用意念将后天修炼之气储存于人体之下丹田，即脐下四横指之处。丹田即存放内气之“仓库”。只有“仓库”储满，才会在使用之时，有源源不断之内气用以催外形。

“先天之气宜稳，后天之气宜顺。”故练拳之时，身体尽量保持放松，呼吸要顺其自然。腹稳，呼吸自顺，下盘就稳。气沉丹田即炼精化气，是积累内气，以成内劲功夫。然后炼气化神，以使内劲具备“神以知来，知以藏往”之功能。唯此，内气、外形可匹配合一，可将柔化刚发，以柔克刚用之技击攻防。

初练者宜习练“还原桩”，亦即收势之动作，采用以行导气之法练习“气沉丹田”。呼吸采用逆腹式呼吸，以意念引导，提肛，向后上方泛臀，从左右两命门穴进气，沿督脉（脊柱）上行，经头顶百会穴转下行至龈交穴（上齿根位置）；舌抵上腭（抵住龈交穴位置），连通任督二脉，气顺任脉下行，途经膻中穴（中丹田），将气导入气海（下丹田），成一小周天之循环。

练拳之时，意念集中于下丹田，即意守丹田。拳架练习亦与呼吸同步，即为“调息”。“调息”可养气，气足则精旺，精旺则神丰也。

第二十六式　收势

双手托天再按地,独我自在中间立。
太极有形归无极,唯我独知此中意。
一生也难尽其妙,功夫不负有心人。

接上式

动作分解

1. 右拳变掌,左右分开,掌心向上,慢慢托起,目视前方。

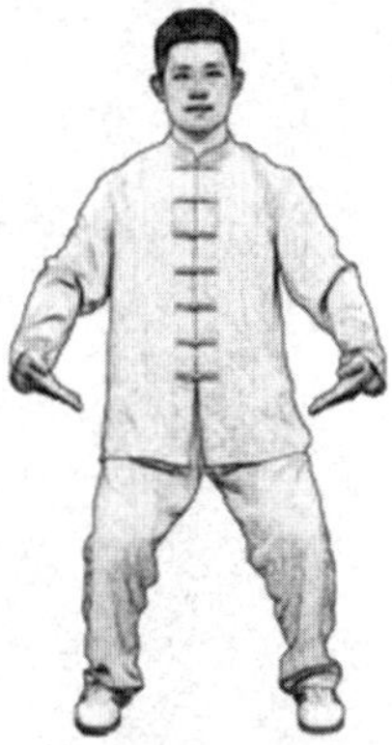

2. 两臂同时托与肩平。

3. 双手内旋，合于面前，双手下按，屈膝松胯。

4. 双手下垂，虚领顶劲，气沉丹田；左脚并步，立身中正，回归自然；心神合一，阴阳合体，万流归宗，目视前方。

太极拳收势之要点：

1. 此式两手上升之时，须松肩沉肘，胸部、腹部、背部肌肉放松下沉。

2. 双手向身体两侧继续伸展之时，两腿缓缓站起，身体随之上升。此式属于深呼吸。

3. 两手下按之时，要呼气，周身放松，气归丹田，意形归原。

4. 行拳一遍，心平气和。自始至终，一气贯通。一招一式，气发丹田。内走五脏百骸，外走肌肤毫毛。有气之来源，有劲之去路，运行一周天，仍归于丹田。

知识点：

太极拳收势后需要注意哪些方面？

太极拳收势之后需注意以下几个方面：

其一，忌暴食。

久练太极拳，可提升脏腑之功能，对食物之需求增加，通俗来讲就是“胃口大开”。长期暴食，会造成人体肥胖。

其二，忌暴饮。

太极拳谓之有氧运动，盖因习练过程之中流汗而不气喘也。流汗，则使人体盐分流失，而非人体真正缺水，只需补充少量淡盐水即可，无须大量饮水。

其三，忌风寒。

运动过后，周身毛孔张开，使体内之汗液排出体外，既可改善人体之内循环，又可将体内之毒素排出。然，此时最忌风寒。尤以春秋两季慎之，此二季着衣较少，且气温变化大，风寒极易侵入。更忌寒风之口穿行，切记！

主要参考资料

1.陈鑫:《陈氏太极拳图说》(简体版),山西科学技术出版社 2006 年版。

2.张福旺编著:《陈式太极拳释疑》,江苏科学技术出版社 2011 年版。

3.任天麟主编:《二十六式陈式太极拳》,中国广播电视出版社 2007 年版。

4.王西安:《陈式太极拳老架》,河南科学技术出版社 2007 年版。